Inhaltsverzeichnis

Vorwort

Liebe Erzieher*innen,

Vögel gehören wohl zu den faszinierendsten Lebewesen auf dieser Erde! Ihre Fähigkeit, zu fliegen, gilt bei uns als Sinnbild für Freiheit, Leichtigkeit und Abenteuer. Der schöne Gesang und das bunte Gefieder der Vögel verzaubern unsere Sinne. Besonders im Frühling können die Kinder schon am frühen Morgen einem wahren Vogelkonzert lauschen! Sie werden bestimmt staunen, dass jeder Vogel seine feste Uhrzeit hat! Welche das sind, erfahren die Kinder beim Gestalten einer Vogeluhr.

Die Kinder beschäftigen sich in diesem Projekt auf vielfältige Weise mit dem Artenreichtum und Verhalten unserer heimischen Vögel. Zu diesen gehören sowohl die Standvögel, die das ganze Jahr bei uns bleiben, als auch die Zugvögel, die nur in den warmen Monaten bei uns verweilen. Beim kreativen Gestalten sowie beim Erforschen von Rätsel- und Wimmelbildern entdecken die Kinder, wie unterschiedlich Vögel aussehen können, welche Gemeinsamkeiten sie haben, in welchen Lebensräumen sie sich aufhalten, was sie fressen sowie etwas über die Aufzucht ihrer Jungen.

Darüber hinaus gibt es Angebote zum Rechnen, Singen und Entspannen rund um das Thema „Vögel“, wie auch zwei fantasievoll gestaltete Speisen passend zum Thema – denn das Auge isst ja mit! Zum Schluss erfahren die Kinder auch noch, wie sie selbst – zusammen mit den Erwachsenen – aktiv dabei helfen können, einen Lebensraum zu schaffen, in dem sich unsere heimischen Vögel ebenso wie die Zugvögel wohlfühlen.

Ich wünsche Ihnen und Ihrer Gruppe eine spannende und unterhaltsame Zeit mit unserer heimischen Vogelwelt!

Angelica Back

Hinweis: Aus Gründen der besseren Lesbarkeit wird im Folgenden auf eine sprachliche Differenzierung der Geschlechterbezeichnungen verzichtet. Da die Erzieher*innen in Kindertagesstätten zumeist weiblich sind, haben wir uns hier für die weibliche Form entschieden. Selbstverständlich sind stets alle Geschlechter angesprochen.

Vorbemerkungen

Zu den verwendeten Symbolen

Hauptkategorien:

Allgemeine Vogelmerkmale

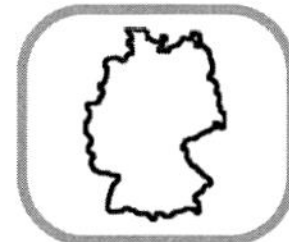
Heimische Vögel

Sommer-gäste

Wie leben Vögel?

Wir helfen den Vögeln

Bildungsbereiche:

 Sprachliche Bildung

 Musikalische Bildung

 Ästhetische Erziehung

 Umwelt-, Sach- und Naturbegegnung

 Gesundheit und Ernährung

 Mathematische Bildung

 Körpererfahrung und Bewegung

 Wahrnehmung und Entspannung

Tipps und Anregungen zu den Angeboten

Dieses Kurzprojekt ist nicht nach Bildungsbereichen, sondern nach Themen sortiert. Sie können die Angebote in beliebiger Reihenfolge mit den Kindern bearbeiten und vielfältig miteinander kombinieren. Selbstverständlich können auch nur einzelne Aufgaben mit den Kindern bearbeitet werden.

Zu „Wie sieht ein Vogel aus?", S. 6:

Zusätzliches und erstaunliches Wissen – nicht nur – für Kinder: Vögel stammen von den Dinosauriern (kleinen Raubsauriern) ab und ihre nächsten lebenden Verwandten sind Krokodile!
Eine Liste aller Brutvögel in Deutschland finden Sie hier:
www.heimische-tiere.de/Voegel_Deutschland.htm

Zu „Die Vogeluhr", S. 10 / 11:

Statt die Vogeluhr vergrößern zu lassen, können Sie auch eine DIN-A4-Kopie davon mittig auf einen weißen/hellen Bogen Tonpapier in DIN A3 kleben. Die Striche dann entweder mit dem Lineal verlängern oder die Kinder kleben/pinnen die Vögel in die Nähe der entsprechenden Uhrzeit und ziehen eine Linie bis zur Vogeluhr.

Vorbemerkungen

Zu den Rezepten S. 21/27:

In dem Angebot „Der Wiedehopf mit dem grünen Schopf“ pflanzen die Kinder Kresse an, die später auch verzehrt werden kann. Achten Sie auf eventuelle **Lebensmittelunverträglichkeiten** bei den Kindern.

Zu „Schneller Mauersegler", S. 23:

Der Mauersegler ist ein fantastischer Flugkünstler, der bis über 3000 m hoch und mehr als 200 km/h schnell fliegen kann. Sein dunkelgefiederter Körper mit den schmalen, sichelförmigen Flügeln und kurzen Füßen ist optimal an ein Leben im Flug angepasst. Etwa 90 % seines Lebens verbringt er in der Luft: zur Nahrungsaufnahme (Insekten), zur Fortpflanzung und sogar zum Schlafen. Nur während der Brutzeit begibt er sich auf „festen Boden“, d. h. unter die Dächer von höheren Altbauten und Kirchtürmen. Ursprünglich ein Felsbrüter wurde der Mauersegler wahrscheinlich seit dem Burgenbau des Mittelalters zum Kulturfolger. Seitdem begleiten seine weithin hörbaren, schrillen Rufe und kunstvollen Flugaktivitäten unsere Sommermonate. Wenn die monogamen Paare etwa ab Ende April in Mitteleuropa eintreffen, suchen sie genau die gleichen Orte auf wie die Jahre zuvor. Die Partner bebrüten abwechselnd das Gelege von 2–3 Eiern, aus dem nach ca. 17–27 Tagen die Küken schlüpfen. Diese sind nach 1–2 Monaten flügge und verbringen gleich selbstständig ohne Eltern ihre Leben in der Luft.

Zu „Was fressen die Vögel?", S. 32:

Die richtige Zuordnung ist: Waldkauz (oder Waldohreule): Maus; Amsel: Wurm; Schwan: Wasserpflanze mit Schnecke; Eichelhäher: Eicheln/Bucheckern/Haselnüsse; Graureiher: Fisch.

Zu „Ein Garten für Vögel", S. 35:

Erklärung: 1. Das Futterhäuschen am Baum: Für die Winterfütterung entsprechendes Futter bereitstellen. 2. Vogelbad/-tränke: Besonders in den warmen Monaten – aber auch im kalten Winter ohne Schnee – sind alle Vögel auf von uns bereitgestelltes, sauberes Wasser angewiesen, da nicht immer ein Gewässer in der Nähe ist. Die Tränke sollte regelmäßig gereinigt und das Wasser täglich erneuert werden. 3. Hecke: Viele heimische Vögel nisten in Hecken und benötigen diesen Lebensraum, der ihnen Schutz vor Feinden bietet. 4. Ecke mit Wildblumen: Viele Vögel ernähren sich von Insekten und diese sind wiederum auf Wildblumen angewiesen.

Internetadressen zu heimischen Vögeln

- *www.nabu.de/tiere-und-pflanzen/voegel/portraets/index.html (314 Vogelporträts in übersichtlich gestalteten kurzen Steckbriefen plus Vogelstimmen von NABU)*
- *https://www.nabu.de – Suche: Stunde der Gartenvögel*
- *https://klexikon.zum.de/wiki/Artikelübersicht_Vögel*
- *www.talu.de/vogeleier-bestimmen*

Alle Vögel sind schon da

ab 2 Jahren

Melodie: traditionell, **Text:** Hoffmann von Fallersleben 1835

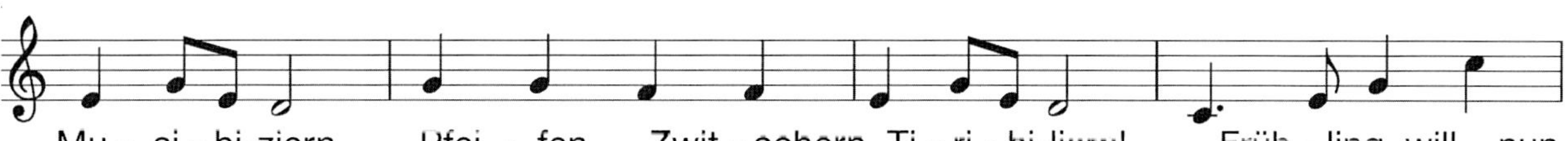

2. Wie sie alle lustig sind,
   flink und froh sich regen!
   Amsel, Drossel, Fink und Star
   und die ganze Vogelschar
   wünschen dir ein frohes Jahr,
   lauter Heil und Segen.

3. Was sie uns verkünden nun,
   nehmen wir zu Herzen:
   Wir auch wollen lustig sein,
   lustig wie die Vögelein,
   hier und dort, feldaus, feldein,
   singen, springen, scherzen.

ab 2 Jahren

Alle meine Störche

Melodie: traditionell nach „Alle meine Entchen“
Text: Angelica Back

1. Alle meine Störche
   klappern auf dem Dach,
   klappern auf dem Dach,
   nun ist es schon Frühling,
   und die Natur ist erwacht!

2. Alle meine Lerchen
   singen wunderbar,
   singen wunderbar,
   alle hören’s gerne,
   das wird ein tolles Jahr!

3. Alle meine Schwalben
   bauen jetzt ihr Nest,
   bauen jetzt ihr Nest,
   bringen Glück und Segen,
   dann feiern wir ein Fest!

Wie sieht ein Vogel aus?

ab 4 Jahren

Material:
Kopiervorlage „Kohlmeise" (s. u.), Schere, Buntstifte

Vorbereitung:
Die Kopiervorlage „Kohlmeise" (hoch-)kopieren und ausschneiden. Sie können die Vorlage auch noch in den für den Vogel typischen Farben anmalen.

Arbeitsanleitung:
Fragen Sie die Kinder, was sie alles über Vögel wissen und lassen Sie sie frei erzählen. Zeigen Sie den Kindern anschließend die (angemalte) Kopie des Vogels. Wissen die Kinder, wie man die Körperteile des Vogels nennt? Als Hilfe können folgende Fragen dienen:

- Mit was ist der Körper der Vögel bedeckt?
- Wie nennt man den „Mund" der Vögel?
- Was können die Vögel, wozu wir und viele andere Tiere nicht in der Lage sind? Welche Körperteile haben sie dafür?
- Welche anderen besonderen Merkmale haben Vögel?
- Was fressen sie?

Sachinformationen für die Erzieher*innen:
Weltweit sind fast 11.000 Vogelarten bekannt. Über 200 Arten brüten in Deutschland, von diesen leben ca. 70 Arten als Standvögel ganzjährig bei uns. Die anderen sind Zugvögel und fliegen im Winter in den Süden. Einige Merkmale haben alle Vögel gemeinsam: Ihr Körper ist mit Federn bedeckt, sie haben einen Schnabel, zwei Beine und zwei zu Flügeln geformte „Arme", mit denen sie fliegen können. Die Fähigkeit zu fliegen wird noch durch die teilweise hohlen Knochen unterstützt. Das Federkleid der Männchen ist oft auffälliger, um Weibchen auf sich aufmerksam zu machen. Die Augen einiger Vogelarten befinden sich seitlich am Kopf. Dadurch können sie ein großes Umfeld gleichzeitig wahrnehmen. Das Sehvermögen vieler Vogelarten ist außergewöhnlich und sie können auch mehr Farben sehen als der Mensch. Vögel können jedoch nicht nur sehr gut sehen, sondern auch recht gut hören. Ihren Gesang erzeugen sie im unteren Kehlkopf, indem Membranen beim Ausatmen in Schwingungen versetzt werden. Die Nahrung ist je nach Vogelart sehr unterschiedlich. Manche fressen Beeren und Nüsse, einige mögen Wasserpflanzen und Schnecken, andere Vögel wiederum fressen Insekten oder kleine Säugetiere. Für die Aufzucht ihrer Jungen, die als Küken aus Eiern schlüpfen, bauen viele Vögel Nester in Bäumen, am Boden oder auf Felsen.

Kopiervorlage „Blaumeise"

bitte hochkopieren

Vögel auf dem Ast

Material:

dicke Pinsel, Aquarell-, Wasser- oder Fingerfarben, eventuell Malpaletten, je Kind 1 Bogen hellblaues Tonpapier oder weißes Malpapier, 1 dünner Pinsel, weiße und schwarze Aquarell- oder Wasserfarbe/Fingerfarbe, Küchentücher oder alte Lappen, Malschürzen

Vorbereitung:

Mischen Sie Aquarell- oder Wasserfarben in Malpaletten gebrauchsfertig an, falls Sie keine Fingerfarben für diese Kreativaktion verwenden. Ziehen Sie den Kindern die Malschürzen an und legen Sie genug Küchentücher oder alte Lappen zum Abwischen der Hände bereit. Jedes Kind bekommt einen Bogen Ton- oder Malpapier.

Arbeitsanleitung:

1. Die Kinder malen mit dem Pinsel ein oder zwei braune Äste aufs Papier. Sie können selbst entscheiden, ob sie das Papier im Hoch- oder im Querformat bemalen möchten.
2. Anschließend bemalen die Kinder – eventuell gegenseitig – eine Hand mit einer Farbe ihrer Wahl. Die Aquarell- oder Wasserfarbe sollte sättigend genug, jedoch nicht zu flüssig oder zu trocken sein.
3. Die Hand wird nun so aufs Papier gedrückt, dass der Bereich, wo die Finger anfangen, auf einem Ast zu liegen kommt. Geben Sie den Kindern hierbei Hilfestellung.
4. Auf diese Weise können die Kinder ein oder auch zwei Vögel aufs Papier bringen – auf jedem Ast sitzt ein Vogel. Wenn das Papier quer verwendet wird, dann können auch zwei Vögel auf einem Ast sitzen.
5. Nun werden die Details der Vögel gemalt: Mit weißer Farbe werden die Augen aufgemalt. Nach dem Trocknen wird noch in jedes Auge ein schwarzer Punkt getupft. Unter die Augen wird ein kleiner Schnabel gemalt. Zwei Krallenfüße werden dorthin gemalt, wo sich Ast und „Vogelkörper" treffen. So sieht es aus, als säße der Vogel auf dem Ast.
6. Für das Laub tupfen die Kinder noch grüne Farbe mit den Fingern an die Äste.

Hinweis:

Für die jüngeren Kinder können Sie ein oder zwei Äste vorzeichnen. Die Kleinen können dann ihre Hände aufdrücken und mit Fingerabdrücken das Bild – wie in der Arbeitsanleitung angegeben – ausschmücken.

Bunter Vogel (für 6 Kinder)

ab 3 Jahren

Material:

Kopiervorlage „Bunter Vogel“ (s. u.), Malpapier, schwarzer Filzstift, Farbwürfel und passende Fingerfarben, 6 Schälchen

Vorbereitung:

Vergrößern Sie die Kopiervorlage „Bunter Vogel“. Alternativ können Sie auch die Umrisse eines einfachen Vogels mit Augen und Schnabel auf das Malpapier zeichnen. Geben Sie etwas von jeder Farbe in je ein Schälchen.

Arbeitsanleitung:

1. Hier können je Spieldurchgang sechs Kinder mitmachen. Wenn mehr Kinder spielen wollen, werden am besten Gruppen gebildet.
2. Legen Sie das Blatt mit dem Vogel auf den Tisch. Jedes Kind sucht sich ein Farbschälchen aus. Bevor das Spiel beginnt, wird eine Zahl oder ein Zeitrahmen festgesetzt.
3. Dann wird reihum gewürfelt. Wenn ein Kind die Farbe würfelt, die es in seinem Schälchen hat, macht es damit einen Fingerabdruck in die Vogelvorlage.
4. Es gewinnt das Kind, das zuerst die festgesetzte Anzahl Fingerabdrücke oder nach Ablauf der Zeit die meisten Fingerabdrücke in der Vorlage hat.
5. Die Kinder müssen dabei natürlich gut aufpassen und ihre Farbtupfer während des Spieles zählen! Fragen Sie nach jeder Runde, wie viele Fingerabdrücke jedes Kind schon gemacht hat.

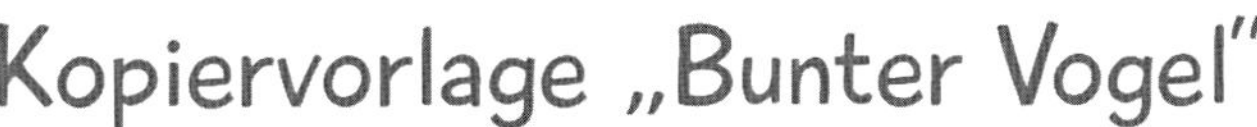

Kopiervorlage „Bunter Vogel“

Setze die Reihe fort

ab 5 Jahren

Schaue dir die Reihenfolge der Dinge genau an und ergänze entsprechend in dem freien Kästchen.

Die Vogeluhr

ab 4 Jahren

Material:

Kopiervorlage „Die Vogeluhr“ (s. S. 11), farbige Bildkarten (s. Farbbogen in der Heftmitte), Schere, Pin-Nadeln oder Reißzwecken, evtl. Bastelkleber, evtl. Papier in DIN A3, Vogelstimmen auf CD oder aus dem Internet (**Tipp:** *Auf www.vivara.de/welcher-vogel-singt-wann* gibt es eine schön gestaltete, interaktive Vogelstimmen-Grafik und dazu noch kurze Steckbriefe der jeweiligen Vögel.)

Vorbereitung:

Lassen Sie die Vorlage „Die Vogeluhr“ im Copy-Shop auf DIN-A3-Format ausdrucken. Fertigen Sie eventuell auch Farbkopien von den Vorderseiten der Bildkarten aus der Heftmitte an, wenn diese auf die Uhr aufgeklebt werden sollen. So können Sie die Bildkarten mehrfach einsetzen. Für dieses Angebot werden folgende Bildkarten benötigt: Rotkehlchen, Amsel, Zaunkönig, Blaumeise, Kohlmeise, Stieglitz/Distelfink, Grünfink, Buchfink, Sperling/Spatz.
Hängen Sie die Vogeluhr für die Kinder gut erreichbar an der Wand auf.

Arbeitsanleitung:

Zeigen Sie den Kindern die Bildkarten der neun Vögel. Fragen Sie die Kinder, ob sie einen oder mehrere der Vögel kennen, bzw. draußen schon einmal gesehen haben. Erzählen Sie ihnen, dass alle abgebildeten Vögel bei uns heimisch sind und oft auch im Garten beobachtet werden können. Interessant für die Kinder ist sicher auch zu erfahren, dass jeder Vogel morgens seine eigene Zeit hat, in der er mit dem Singen beginnt.
Hören Sie sich danach gemeinsam die Vogelstimmen an und reichen Sie zu jeder Stimme die entsprechende Bildkarte herum.
Zeigen Sie den Kindern die Vogeluhr. Jedes Kind nimmt sich nun der Reihe nach eine Karte und pinnt (oder klebt) diese entsprechend Ihren Angaben an oder auf die Vogeluhr.

Dies sind die Zeiten der Vögel:

Rotkehlchen	beginnt 50 Minuten vor Sonnenaufgang mit dem Gesang
Amsel	beginnt 45 Minuten vor Sonnenaufgang mit dem Gesang
Zaunkönig	beginnt 40 Minuten vor Sonnenaufgang mit dem Gesang
Blaumeise	beginnt 35 Minuten vor Sonnenaufgang mit dem Gesang
Kohlmeise	beginnt 30 Minuten vor Sonnenaufgang mit dem Gesang
Stieglitz/Distelfink	beginnt 20 Minuten vor Sonnenaufgang mit dem Gesang
Grünfink	beginnt 15 Minuten vor Sonnenaufgang mit dem Gesang
Buchfink	beginnt 5 Minuten vor Sonnenaufgang mit dem Gesang
Sperling/Spatz	beginnt bei Sonnenaufgang mit dem Gesang

Tipp:
Die Vogeluhr kann immer mal wieder Thema sein, beispielsweise im Frühling und Sommer, wenn Vögel in der Natur am aktivsten sind.

Kopiervorlage „Die Vogeluhr"

Bitte auf DIN-A3-Format hochkopieren.

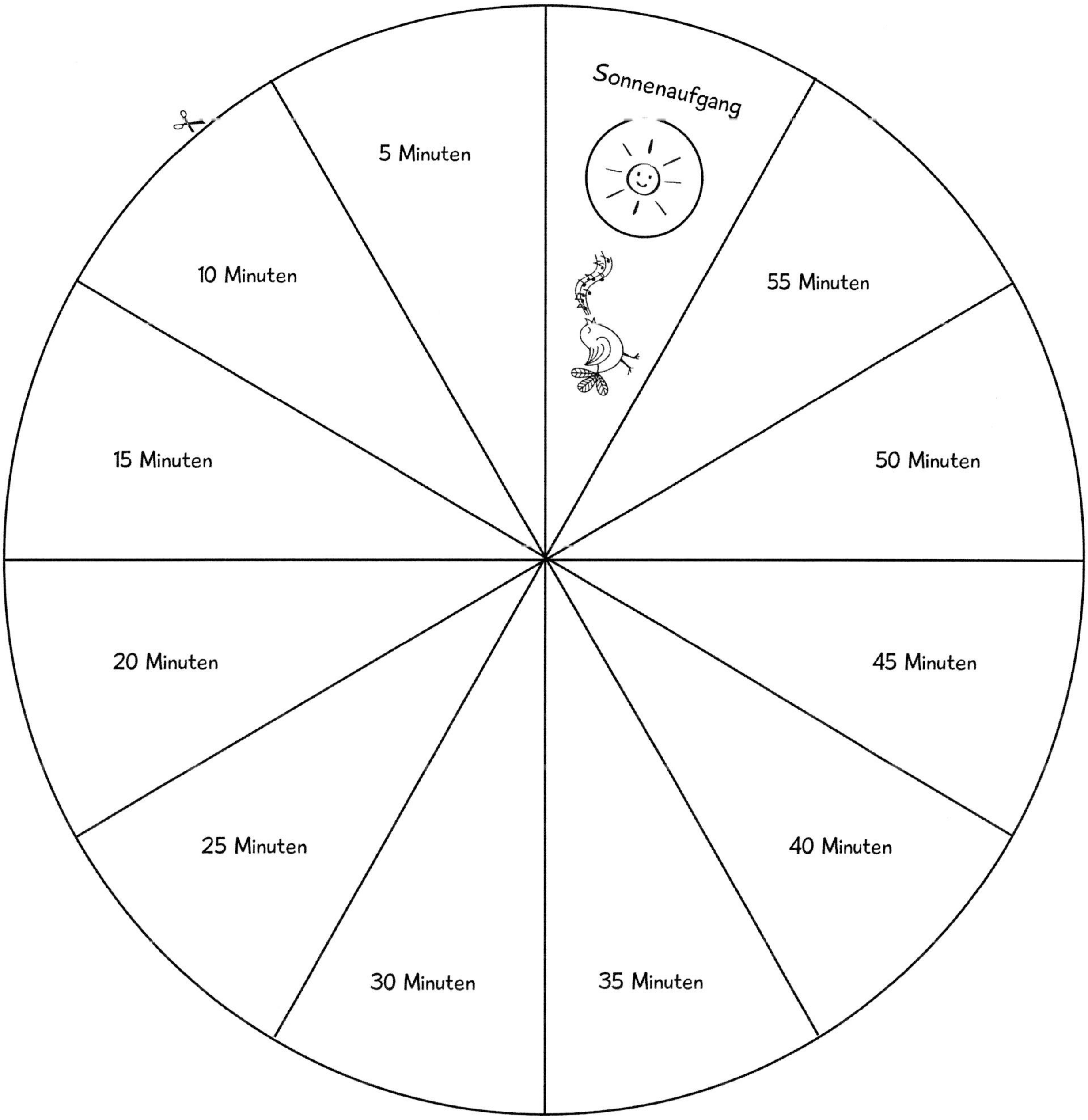

Sonnenaufgang

5 Minuten

10 Minuten

15 Minuten

20 Minuten

25 Minuten

30 Minuten

35 Minuten

40 Minuten

45 Minuten

50 Minuten

55 Minuten

Rotkehlchen von der Rolle

ab 4 Jahren

Material:

Papprollen von Küchenkrepp (26 cm) oder Toilettenpapier (9,5 cm) , evtl. ein Messer, Kopiervorlage „Rotkehlchen“, Tonpapier in Beige, Hellbraun, Orange und Schwarz, Abbildung eines Rotkehlchens (Buch, Internet oder farbige Bildkarte in der Heftmitte), Scheren, Bastelkleber, schwarze Filzstifte

Vorbereitung:

Sammeln Sie vorab eine ausreichende Anzahl Papprollen. Die längeren Rollen vom Küchenkrepp (26 cm Höhe) werden in der Mitte geteilt. Die Vorlage für die Gesichts- und Brustfläche wird auf orangefarbenes Tonpapier kopiert (bitte an die Größe der Papprolle anpassen), die Flügel und der Schwanz auf hellbraunes Tonpapier. Schneiden Sie aus hellbraunem Tonpapier passende Stücke für die Ummantelung der Papprollen zurecht.

Arbeitsanleitung:

1. Die Kinder schauen sich die Abbildung des Rotkehlchens an.
2. Dann umkleben sie ihre Papprolle mit hellbraunem Tonpapier. Anschließend schneiden Sie die Vorlagen für Gesichts- und Brustfläche, Flügel und Schwanz aus.
3. Im vorderen Bereich kleben die Kinder die Gesichts- und Brustfläche des Rotkehlchens aus orangefarbenem Tonpapier auf.
4. Die Flügel werden eventuell ein paar Mal eingeschnitten, um Gefieder zu symbolisieren. Sie werden seitlich links und rechts aufgeklebt.
5. Der Schwanz wird hinten an der Rolle aufgeklebt.
6. Schneiden Sie für die Kinder währenddessen aus dem schwarzen Papier kleine Rauten aus, welche zusammengefaltet als Schnabel in den Gesichtsbereich des Rotkehlchens geklebt werden.
7. Zum Schluss malen die Kinder mit dem schwarzen Filzstift noch zwei runde Augen in die orangefarbene Gesichtsfläche.

Hinweis:

Auf diese Weise lassen sich auch andere Vögel basteln. Die Kinder schauen sich dafür entsprechende Fotos an und überlegen, welche Tonkarton-Farben sie dafür benötigen. Mit einer größeren Vogelschar können sich die Kinder dann kleine Theaterstücke ausdenken oder einfach nur aus dem Stegreif spielen.

Kopiervorlagen „Rotkehlchen“

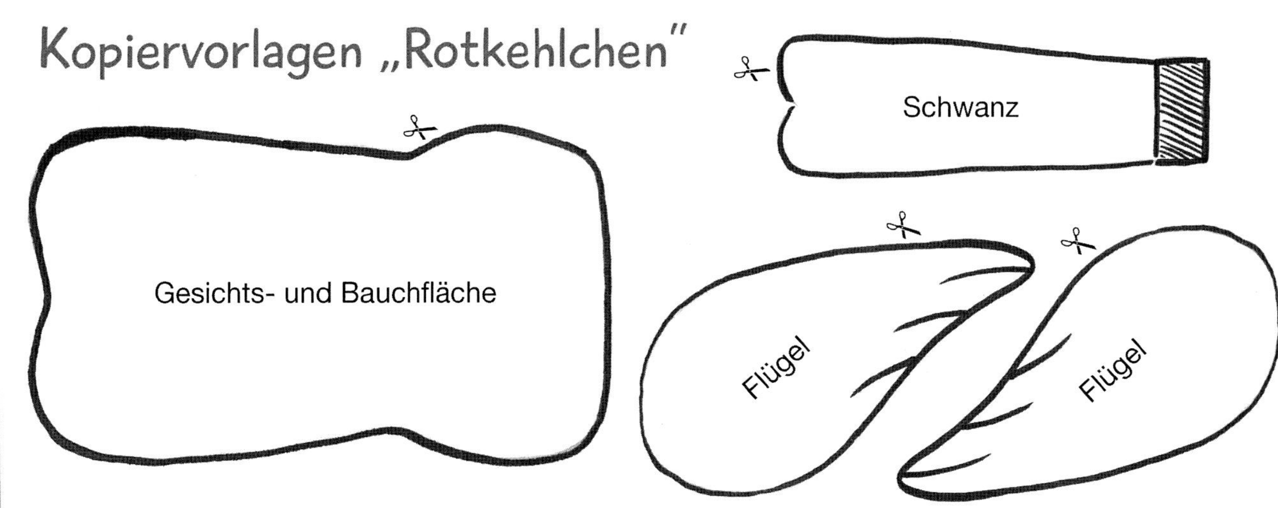

Fetzige Eule

ab 4 Jahren

Material:
2 Bogen Malpapier (ab 200g/m²) je Kind, Washi-Tape oder Kreppband, Wasser- oder Aquarellfarben, Pinsel, Malpaletten, Becher mit Wasser, Bildkarte vom Waldkauz (s. Heftmitte), Bastelkleber, dünne Stöckchen, schwarze Filzstifte

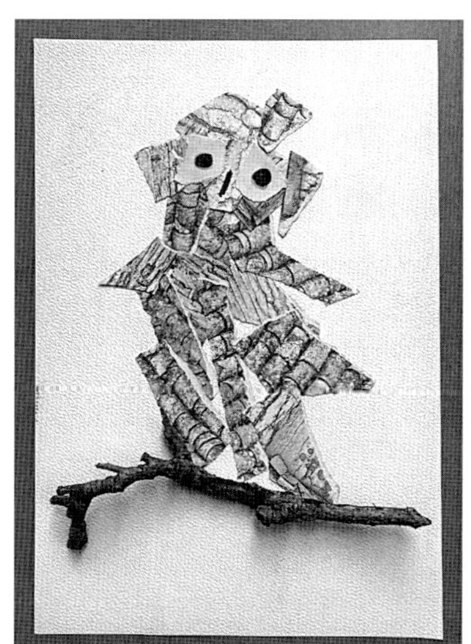

Vorbereitung:
Sammeln Sie – alleine oder bei einem Spaziergang mit den Kindern – dünne Stöckchen vom Waldboden. Besorgen Sie Bücher mit gut erkennbaren Fotos von Eulen oder drucken Sie Bilder aus dem Internet aus. Befestigen Sie je Kind zwei Papierbögen rundherum mit Washi-Tape oder Kreppband auf dem Tisch (bzw. auf einer Auflage).
Dies ist eine einfache Alternative zum Aufspannen, damit sich das Papier beim Bemalen nicht so wellt.

Arbeitsanleitung:
1. Zuerst werden in den Malpaletten verschiedene Braun- und Beige-Töne angemischt. Zeigen Sie den Kindern, welche Farben sie dafür nehmen müssen und/oder lassen Sie sie selbst experimentieren.
2. Anschließend wird der eine Bogen Papier ganz wild bemalt. Die Farben können ruhig ineinanderlaufen, die Kinder können an verschiedenen Stellen große oder kleine Tupfen setzen, die Farbe darauf spritzen etc.
3. Die Farbe trocknen lassen.
4. Ziehen Sie das Washi-Tape oder Kreppband vorsichtig ab.
5. Die Kinder reißen dann das bemalte Papier in verschieden große Fetzen.
6. Die Papierfetzen werden auf dem zweiten, bisher ungenutzten Bogen Malpapier so lange arrangiert, bis die Collage in etwa die Form einer Eule hat. Teile können sich ruhig auch überlappen. Hellere, runde Teile werden zu Augen, ein spitzer Papierschnipsel wird zu einem Schnabel etc. Als Anschauungsmaterial dienen Bilder aus einem Buch oder die Ausdrucke aus dem Internet.
7. Wenn die Kinder mit ihrer Komposition zufrieden sind, werden alle Teile entsprechend aufgeklebt.
8. Zu Füßen der Eule kleben die Kinder noch ein oder mehrere Stöckchen zu einem Ast auf das Papier. Auf dem Ast sitzt dann der Vogel.
9. Zum Schluss werden schwarze Pupillen mit dem Filzstift in die Augen hinein gemalt.

Hinweis:
Als Alternative zur Aquarellmalerei können die Kinder die Eule auch einfarbig und/oder aus gemustertem Tonpapier in Braun- und Beige-Tönen gestalten.

Variante:
Statt einer Eule kann auch ein anderer heimischer Vogel nach Wahl gestaltet werden.

Der schlaue Rabe

ab 3 Jahren

Material:
Kopiervorlage „Kolkrabe“ (s. u.), Schere, Papier, Zahlenwürfel

Vorbereitung:
Die Vorlage „Kolkrabe“ je Kind einmal kopieren und die Teile auseinanderschneiden.

Spielmöglichkeit:
Jedes Kind hat alle vier Teile des Raben und ein leeres Blatt Papier vor sich liegen. Es wird reihum gewürfelt.

- Wer eine Zahl zwischen 1 und 4 würfelt, legt das entsprechende Teil auf das Blatt Papier.
- Wer eine 6 würfelt, darf noch einmal würfeln.
- Wer eine 5 würfelt, muss aussetzen.
- Wenn ein Kind eine Zahl würfelt, die es schon ausgelegt hat, ist das nächste Kind dran.

Wer zuerst den Raben komplett auf dem Papier hat, gewinnt.

Kopiervorlage „Kolkrabe“

1

2

3

4

Fantasiereise „Mit der Krähe durch die Jahreszeiten"

ab 3 Jahren

Material:

bequeme Kleidung, warme Socken, Gymnastikmatten, kuschelige Decken, Kissen, gemütliche Lichtquellen (z. B. Lichterkette/n, Salzkristalllampe/n, LED-Kerzen), CD mit ruhiger, entspannender Instrumentalmusik, CD-Spieler

Vorbereitung:

Legen Sie für jedes Kind eine Matte, eine Decke und ein Kissen in einen ruhigen Raum. Verteilen Sie dort auch gemütliche Lichtquellen und stellen Sie einen CD-Spieler mit Entspannungsmusik bereit. Währenddessen ziehen sich die Kinder bequeme Kleidung und warme Socken an. Bitten Sie die Kinder in den Raum. Jedes Kind sucht sich einen Platz aus und richtet sich mit Decke und Kissen so bequem wie möglich ein. Wenn alle zur Ruhe gekommen sind, lesen Sie die Geschichte langsam vor.

Entspannungsreise „Mit der Krähe durch die Jahreszeiten"

Ich liege auf einer Frühlingswiese … und spüre die wärmenden Sonnenstrahlen … Ich fühle mich sicher und geborgen … Ich atme ruhig ein und aus, ein und aus … Ich bin ganz entspannt …

Auf einem Baum in der Nähe sitzt eine Krähe … Sie sagt: „Lass uns auf eine Reise gehen!" … „Wohin möchtest du denn mit mir reisen?", frage ich sie … „Durch die Jahreszeiten … Ich zeige dir, was im Laufe eines Jahres hier so alles passiert", antwortet die Krähe … Ich möchte mir das gerne anschauen, doch wie soll das gehen? … Der Vogel sitzt auf einmal neben mir … Er ist viel größer, als ich dachte … „Steig auf" bietet der Vogel mir an … Ich kuschele mich in sein Gefieder … und halte mich vorsichtig an den Federn fest … Ich fühle mich beschützt und sicher … während die Krähe abhebt und fast geräuschlos durch die Luft fliegt … Neugierig schaue ich mich um … Ich sehe Blumen in allen Farben … Der Himmel ist blau und die Sonne scheint wärmer als zuvor …
Richtig warm ist es geworden … „Es ist Sommer!", ruft die Krähe …
Wir fliegen über einen See … Ich sehe Kinder am Ufer planschen …
In der Mitte des Sees ist ein kleines Boot, in dem Menschen sitzen …
Ein wundervoller Sommertag … Es fühlt sich schön an …
Ich freue mich über das tolle Wetter … Das Gras ist saftig grün …
Aus den weiß-rosa Blüten der Apfelbäume werden langsam rote Früchte …
Wir fliegen über ein Getreidefeld … Die Bauern sind bei der Ernte …
„Der Herbst hält Einzug", krächzt die Krähe … Das Laub der Bäume leuchtet in vielen Orange-, Gelb- und Rottönen …
Es ist nicht mehr so warm, fast schon kühl … Ich kuschle mich tief in das Vogelgefieder …

Fantasiereise „Mit der Krähe durch die Jahreszeiten"

ab 3 Jahren

So ist es gemütlich ... Ich schließe die Augen ... und döse ein bisschen ... bis mich etwas Nasses weckt, das auf mein Gesicht fällt ... Eine Schneeflocke! ... Und noch eine ... und es werden ganz viele! ... „Wir sind im Winter angekommen, wie du sicher schon bemerkt hast", lacht die Krähe ... Ich schaue auf ... Alles ist weiß! Die Bäume haben keine Blätter mehr ... auf ihren Ästen liegt schwer der Schnee ... Auf der Wiese, die im Frühling noch voller Blumen war ... bauen Kinder jetzt einen Schneemann ... „Gut, dass mich die Federn des Vogels vor der Kälte schützen!", freue ich mich ... Ich schließe wieder die Augen und schlafe dieses Mal ein ... Ich schlafe so lange ... bis mich die Sonnenstrahlen wieder wecken ... Ich schaue auf die Erde ... die wieder grün ist ... Ich sehe den Apfelbaum, der in voller Blüte steht ... Die Krähe gleitet zu Boden ... Ich steige ab ... Ich schaue mich um ... Alles sieht genau so aus, wie ich es zu Beginn der Reise verlassen habe ... „Vielen Dank für den schönen Ausflug durch die Jahreszeiten" sage ich zur Krähe und umarme sie ... Sie fliegt davon und winkt mir zum Abschied mit den Flügeln zu.

Ich lege mich ins warme Gras ... und denke noch lange über das wunderbare Erlebnis nach ... Ich bin ganz entspannt ... Ich atme ruhig ein und aus, ein und aus ... Ich bin glücklich und fühle mich sicher und geborgen ... Ich atme noch einmal ruhig ein und aus ... ich recke und strecke mich ... öffne meine Augen ... und komme wieder im Hier und Jetzt an.

Hinweis:
Die Kinder entscheiden selbst, ob sie während der Entspannungsreise die Augen schließen möchten oder nicht.

Rückseite Bildkarten (1)

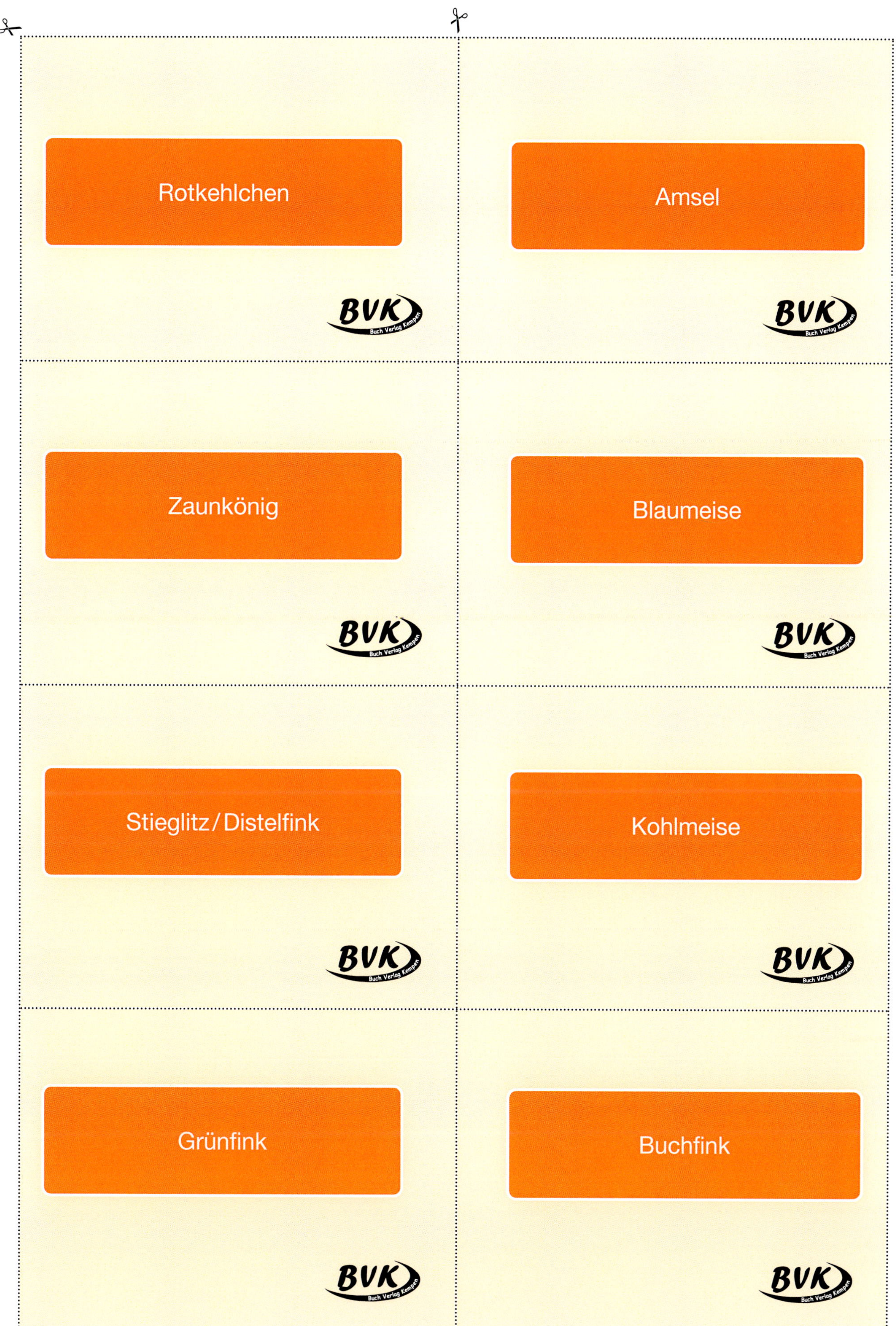

Bildkarten Heimische Vögel

Bildkarten Heimische Vögel

Rückseite Bildkarten (2)

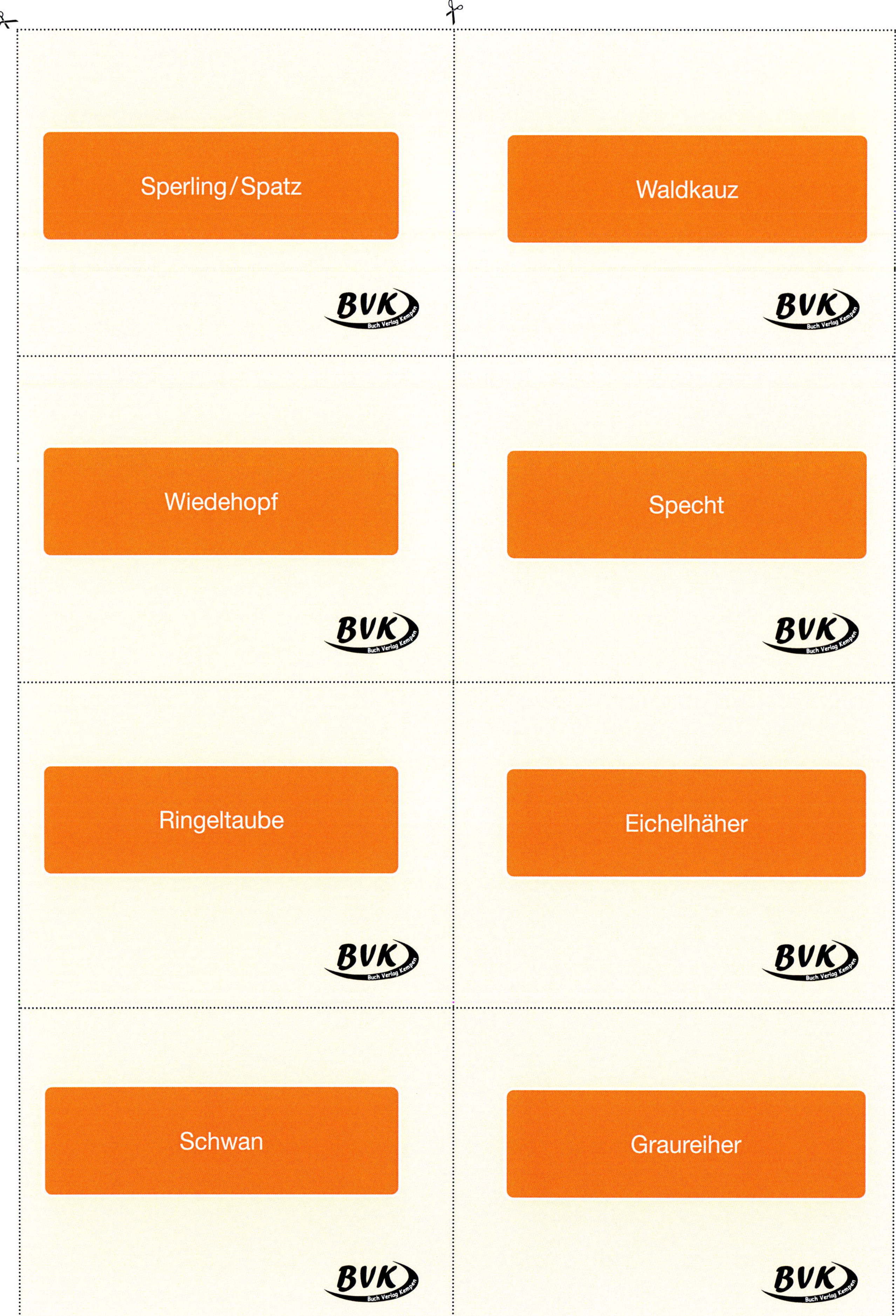

Kartoffelnester mit Küken

ab 3 Jahren

Zutaten:
Kartoffeln, Wasser, Bratöl, Salz, Eier

Arbeitsmittel:
Schälmesser, Spiralschneider, große Schüssel, 1–2 große beschichtete Pfannen (oder Gusseisenpfannen), Küchenkrepp, Gabel, Pfannenwender, eventuell Topf, Schaum- oder Esslöffel, evtl. 1 Messer, je Kind 1 Teller und 1 Gabel

Arbeitsanleitung:
1. Schälen Sie zuerst die Kartoffeln.
2. Drehen sie anschließend die Kartoffeln mit dem Spiralschneider in eine Schüssel mit kaltem Wasser hinein, damit sie nicht braun werden.
3. Gießen Sie das Wasser ab und geben Sie dann frisches Wasser zu den Kartoffelspiralen, um die vorhandene Stärke auszuwaschen. Die Kartoffelnester werden dadurch beim Braten knuspriger.
4. Erhitzen sie dann das Bratöl in der Pfanne.
5. Die vorher mit Küchenkrepp trockengetupften Kartoffelspiralen werden portionsweise in die Pfanne gegeben und mit Hilfe einer Gabel zu Nestern gedreht.
6. Die Kartoffelnester goldgelb backen. Zwischendrin immer mal wieder mit dem Pfannenwender drehen, damit sie nicht zu dunkel werden.
7. Kurz bevor die Kartoffeln gar sind, in einer weiteren Pfanne Spiegeleier backen. Alternativ können auch wachsweiche Eier im Topf gekocht werden. Kochen Sie hierfür Wasser auf und lassen Sie die Eier mit einem Esslöffel in das heiße Wasser gleiten. Die Eier sollten alle mit Wasser bedeckt sein. Die Kochzeit beträgt je nach Größe der Eier 6–8 Minuten.
8. Verteilen Sie die Kartoffelnester auf Teller und geben Sie je ein Spiegelei – oder ein aufgeschnittenes Ei (das Eigelb sollte sichtbar sein) – als „Küken“ darauf. Sollten die Spiegeleier größer sein als die Nester, schneiden Sie etwas von dem Eiweiß außen herum ab.

Varianten:
Sie können auch noch Karotten- oder Zucchinispiralen zu den Kartoffelspiralen hinzugeben.

Hinweis:
Die selbst gezogenen Kresse-Sprossen von Seite 27 („Der Wiedehopf mit dem grünen Schopf“) passen sehr gut zu den Kartoffelnestern. Dekorieren Sie einfach die Sprossen um das Nest herum. Auch (verschiedene) Salate und (Wild-)Kräuter sind eine schöne und gesunde Unterlage für die Nester.

Welcher Vogel ist anders?

ab 3 Jahren

Heimische Vögel

Schaue dir die Vögel genau an. In jeder Reihe sieht einer anders aus. Welcher ist es?

Male ihn aus.

Die Vögel kommen aus dem Süden

ab 4 Jahren

Material:
Chiffontücher (je Kind eine andere Farbe), CD mit Instrumentalmusik (passend zum Thema), CD-Player, mehrere Turnreifen oder Decken in den Farben der Chiffontücher/etwas in der entsprechenden Farbe zum Anbinden oder Daraufstellen), viele Bälle

Vorbereitung:
Verteilen Sie Bälle und Reifen/Decken im Bewegungsraum. Größere Decken ein- oder zweimal falten. Reifen/Decken stellen die Vogelnester dar, Bälle die Vogeleier.

Spielmöglichkeit:
1. Die Kinder bewegen sich mit ihren Chiffontüchern frei zur Musik im Raum. Sie imitieren dabei Vögel im Flug.
2. Stoppen Sie plötzlich die Musik. Die Kinder sammeln dann so viele Bälle auf, wie sie halten können und suchen sich schnell das „Nest", das die gleiche Farbe hat wie ihr Chiffontuch. Sie laufen zum farblich passenden Reifen oder dem Reifen, an den etwas in der passenden Farbe angebunden ist.
3. Wenn die Musik weitergeht, „fliegen" die Kinder erneut mit ihren Tüchern durch den Raum. Wieder stoppt die Musik und die Kinder suchen sich Bälle, die sie zu ihrem Nest bringen.
4. Den Vorgang wiederholen Sie, bis keine Bälle mehr im Raum sind. Welcher „Vogel" hat die meisten „Eier" im Nest?

ab 4 Jahren

Schneller Mauersegler

Material:
Kopiervorlage „Schneller Mauersegler" (s. S. 24), 1 Schere, dunkelgraues oder schwarzes Tonpapier

Vorbereitung:
Die Kopiervorlage „Schneller Mauersegler" je Kind einmal kopieren und ausschneiden.

Spielanleitung:
Die Kinder falten ihre Mauersegler einmal gerade in der Mitte. Anschließend biegen sie die Flügel im rechten Winkel ab. Den so entstandenen Mauersegler können die Kinder nun fliegen lassen!

Kopiervorlage „Schneller Mauersegler"

Zähle die Graugänse

Wie viele Vögel sind es? Verbinde richtig.

2

5

1

4

3

Schwalben-Mobile

ab 5 Jahren

Material:

Kopiervorlage „Schwalbe“ (s. u.), Bleistifte, gemustertes Papier (Scrapbook-/Motivpapier, buntes Tonpapier, bemaltes Papier, alte Bilderbücher, Landkarten etc.), Scheren, Bastelkleber, Schnur/Wolle, evtl. Stock, Reißzwecken oder Klebestreifen

Vorbereitung:

Eine Kopiervorlage „Schwalbe“ je Kind kopieren und ausschneiden.

Arbeitsanleitung:

1. Die Kinder legen ihre Kopiervorlage auf ein Stück gemustertes Papier und zeichnen mit dem Bleistift die Umrisse nach. Dann werden die Schwalben ausgeschnitten.
2. Auf diese Weise werden einige Schwalben gestaltet und ausgeschnitten. Es sollte insgesamt eine gerade Anzahl Schwalben entstehen.
3. Eine Seite einer Schwalbe bestreichen die Kinder mit Kleber und legen ein längeres Stück Schnur oder Wolle darauf. Anschließend legen sie einen zweiten Vogel passgenau darauf.
4. Die „fliegenden“ Schwalben können nun als Mobile an einen Stock geknotet, aber auch mit Klebestreifen am Fensterrahmen oder mit Reißzwecken an der Decke (wenn die Schnüre lang genug sind) befestigt werden.

Kopiervorlage „Schwalbe“

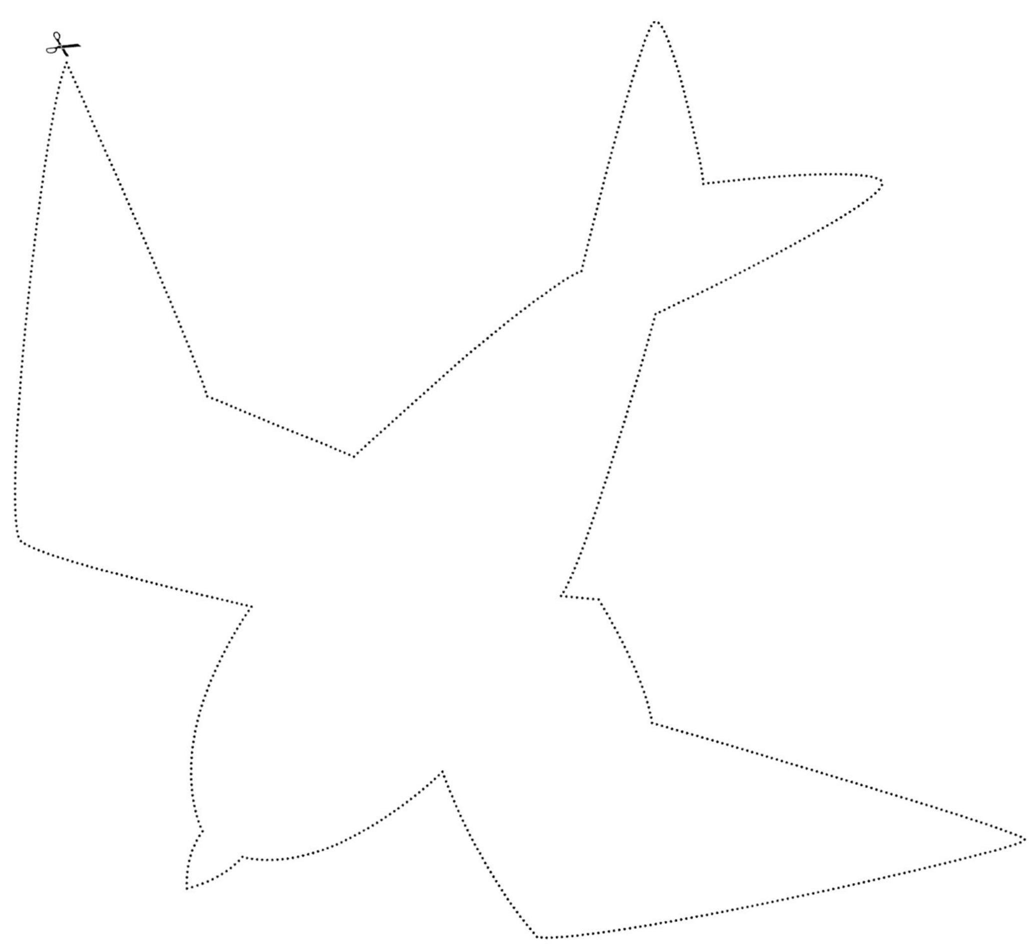

Der Wiedehopf mit dem grünen Schopf

ab 3 Jahren

Material:

saubere Behälter (Joghurtbecher, Marmeladenglas, kleiner Blumentopf etc.), weißes und schwarzes Tonpapier/-karton oder Seidenpapier, evtl. Glasmal-/ Acrylfarben oder -stifte und Pinsel, Bleistifte, schwarze Filzstifte, Scheren, Bastelkleber, Bildkarte vom Wiedehopf (s. Heftmitte), kleine Steine, Scherben oder Murmeln, Aussaat-/Kräutererde (bzw. Anzuchterde), Kressesamen, Wasser, Wasserbehälter, evtl. Küchenpapier, Watte

Vorbereitung:

Besorgen Sie alle Materialien und für jedes teilnehmende Kind einen sauberen Behälter. Je nach Gefäß ist möglicherweise anderes Papier erforderlich. Joghurtbecher kann man gut mit Tonpapier umkleben, für Marmeladengläser ist Seidenpapier besser geeignet. Gläser und Tontöpfe lassen sich auch gut bemalen.

Arbeitsanleitung:

1. Zuerst bekleben oder bemalen die Kinder ihren Behälter in einer Farbe ihrer Wahl. Die Farbe muss danach trocknen.
2. Währenddessen malen die Kinder mit Bleistift zwei kleine Kreise auf weißes Papier und schneiden sie aus. In die Kreise wird noch jeweils ein Punkt mit schwarzem Filzstift gemalt. Aus schwarzem Papier wird ein langes, dünnes Dreieck als Schnabel ausgeschnitten. Die Augen und der Schnabel werden entsprechend dem Gesicht eines Wiedehopfes auf den Behälter geklebt. Hierfür können Sie den Kindern wieder die Bildkarte zeigen.
3. Danach wird eine Schicht (1–2 cm) Steinchen, Scherben oder Murmeln in das Gefäß gelegt.
4. Die Kinder füllen den Behälter mit Erde auf. Bis zum oberen Rand sollte noch etwa 1–2 cm Platz sein.
5. Die Erde festdrücken und die Kressesamen gleichmäßig darauf streuen. Da Kresse ein Lichtkeimer ist, werden die Samen nur leicht angedrückt.
6. Anschließend werden die Samen gewässert und die Gefäße an einen hellen, sonnigen Platz gestellt. Licht und Wärme sind wesentlich für die Keimung. Die Saat sollte permanent feucht, jedoch nicht zu nass sein. Um die Ernte der leckeren Kresse nicht zu gefährden, nehmen die Kinder ihre Töpfchen am Wochenende am besten mit nach Hause.
7. Nach ein bis zwei Wochen, wenn die Kresse etwa 30 mm hoch ist, können die gesunden, frischen Sprossen abgeschnitten und im Salat, auf einem Butterbrot oder einem Ei-Sandwich verspeist werden.

Variante:

Statt Erde kann die Kresse auch auf Watte gezüchtet werden. Dafür zuerst etwas zusammengeknülltes Küchenpapier in den Behälter legen und darauf eine Lage Watte. Die Kressesamen einstreuen, leicht andrücken und wässern. Die weitere Pflege wird wie oben mit der Erde durchgeführt.

Schattenvögel

ab 4 Jahren

Sommergäste

Welcher Schatten gehört zu welchem Zugvogel?

Verbinde diese mit dem richtigen Vogel.

Im Wald

ab 4 Jahren

Material:

Kopiervorlage „Wimmelbild – Im Wald“ (s. S. 30), Buntstifte, Fotos der im Bild vorkommenden Tiere und Pflanzen (Buch oder Internet), Bildkarten der 4 Vögel (s. S. 18/19), Klebestift

Vorbereitung:

Die Kopiervorlage „Wimmelbild – Im Wald“ in der gewünschten Größe (DIN A4 oder A3) je Kind einmal kopieren.

Arbeitsanleitung:

Die Kinder schauen sich zunächst das Wimmelbild an und berichten, was sie darauf sehen. Stellen Sie noch zusätzlich folgende Fragen:

- Welche Vögel könnt ihr erkennen?
- Wo sind die Nistplätze der Vögel?
- Welche Vogelmutter wird zu welchem Nistplatz fliegen?
- Was fressen die Vögel?

Die Aufgabe der Kinder ist es, Waldkauz, Specht, Ringeltaube und Eichelhäher den richtigen Nistplätzen zuzuordnen. Anschließend ziehen sie eine Linie von den Vögeln zu ihrer typischen bzw. liebsten Nahrung, und zwar jeweils in einer anderen Farbe.

Waldkauz → Maus
Ringeltaube → Holunderbeeren
Specht → Spinne
Eichelhäher → Eicheln

Legen Sie nun evtl. Fotos der im Bild vorkommenden Tiere und Pflanzen und die Bildkarten auf den Arbeitstisch. Die Kinder betrachten diese genau und können das Wimmelbild mit den richtigen Farben ausmalen. Wenn sie möchten, können sie auch noch die Küken des Waldkauzes und des Spechtes in die Baumhöhlen hineinmalen.

Sachinformationen für die Erzieher*innen:

Sehr viele heimische Vogelarten nutzen den Wald als Lebensraum, zum Beispiel zur Nahrungssuche und für ihre Brut. Ein Großteil dieser Arten ist ausschließlich an Mischwälder gebunden, da es in einer vielfältigen Umgebung leichter ist, zu überleben. Die hohen Bäume bieten den Vögeln ideale Bedingungen, ihre Jungen aufzuziehen, sowie Schutz vor Feinden wie beispielsweise Raubvögeln, Füchsen und Wildkatzen.

Wimmelbild – Im Wald

Wie viele Eier sind es?

ab 4 Jahren

Material:
Kopiervorlage „Vogelnester“ (s. u.), Fingerfarben, kleiner Motivstempel und Stempelkissen oder mehrere kleine Dinge einer Art (z. B. Holzperlen, Pompons, Glasnuggets, Kugeln/Eier aus Knete, Deko-/Zuckereier)

Vorbereitung:
Die Vorlage „Vogelnester“ je Kind einmal kopieren. Je nach verwendeten Materialien die Vorlage eventuell vergrößern.

Arbeitsanleitung:
Die Kinder zählen die Eier zusammen, tunken ihre Finger in die Farbe und stempeln die richtige Anzahl Eier in das Nest. Alternativ stempeln sie mit einem kleinen Motivstempel die entsprechende Anzahl Eier in das Nest. Oder sie legen mit Eiern aus Knete, Perlen, Pompons etc. die richtige Anzahl Eier in das Nest.

Kopiervorlage „Vogelnester“

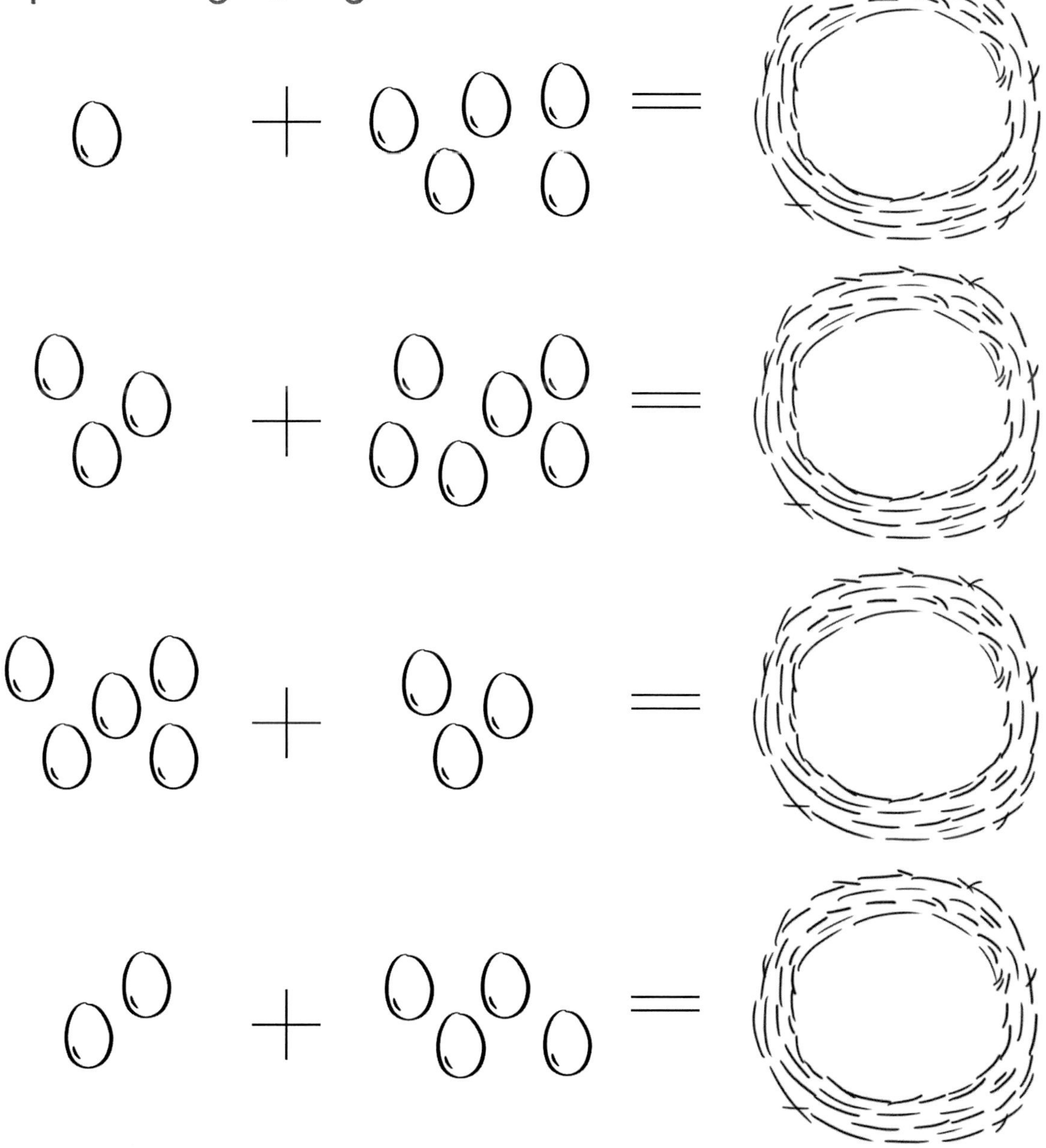

Was fressen die Vögel?

ab 4 Jahren

Was frisst welcher Vogel?

Verbinde die Vögel mit ihrem passenden Futter.

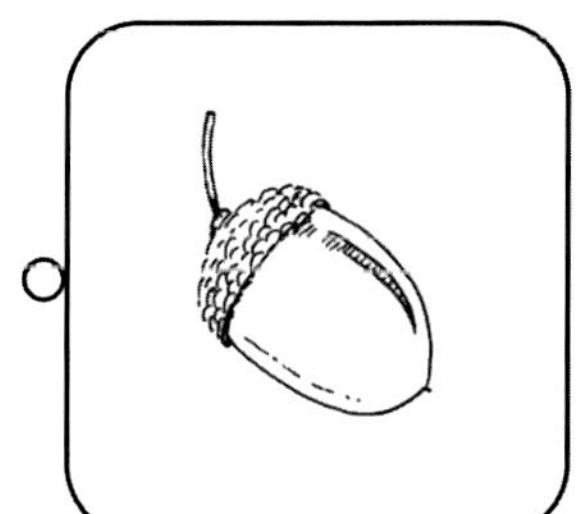

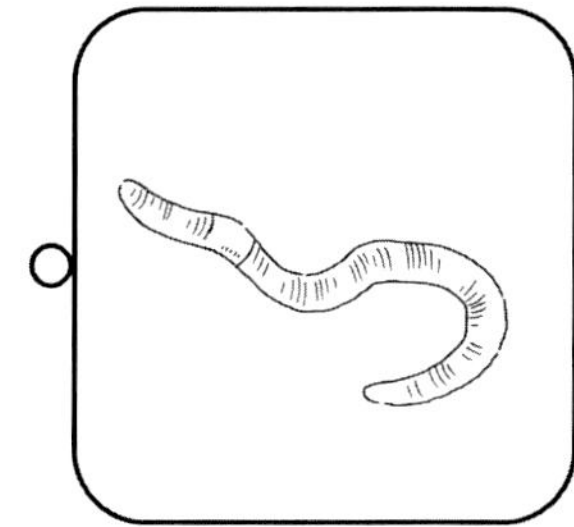

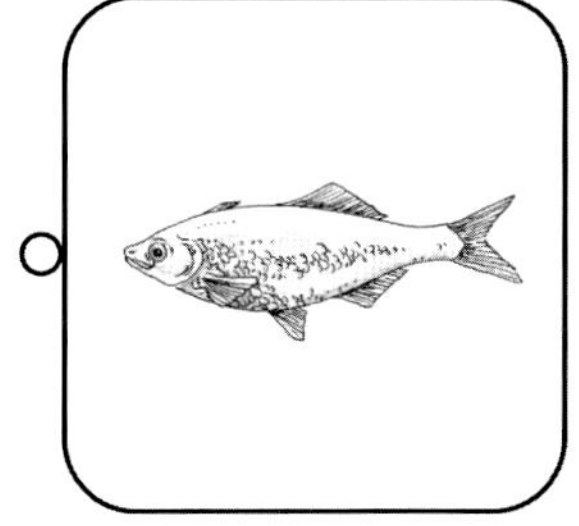

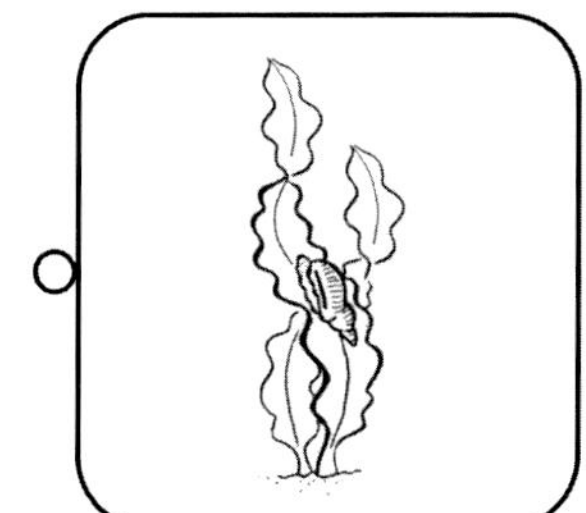

Das Vogeljahr

Material:
Kopiervorlage „Das Vogeljahr" (s. u.), Scheren, Buntstifte, eventuell Papier und Bastelkleber.

Vorbereitung:
Die Kopiervorlage „Das Vogeljahr" je Kind einmal kopieren.

Arbeitsanleitung:
Die Kinder schneiden die „Kuchenteile" aus und setzen sie in der richtigen Reihenfolge zusammen. Anschließend können die Bilder auf ein Blatt Papier geklebt und ausgemalt werden.

Kopiervorlage „Das Vogeljahr"

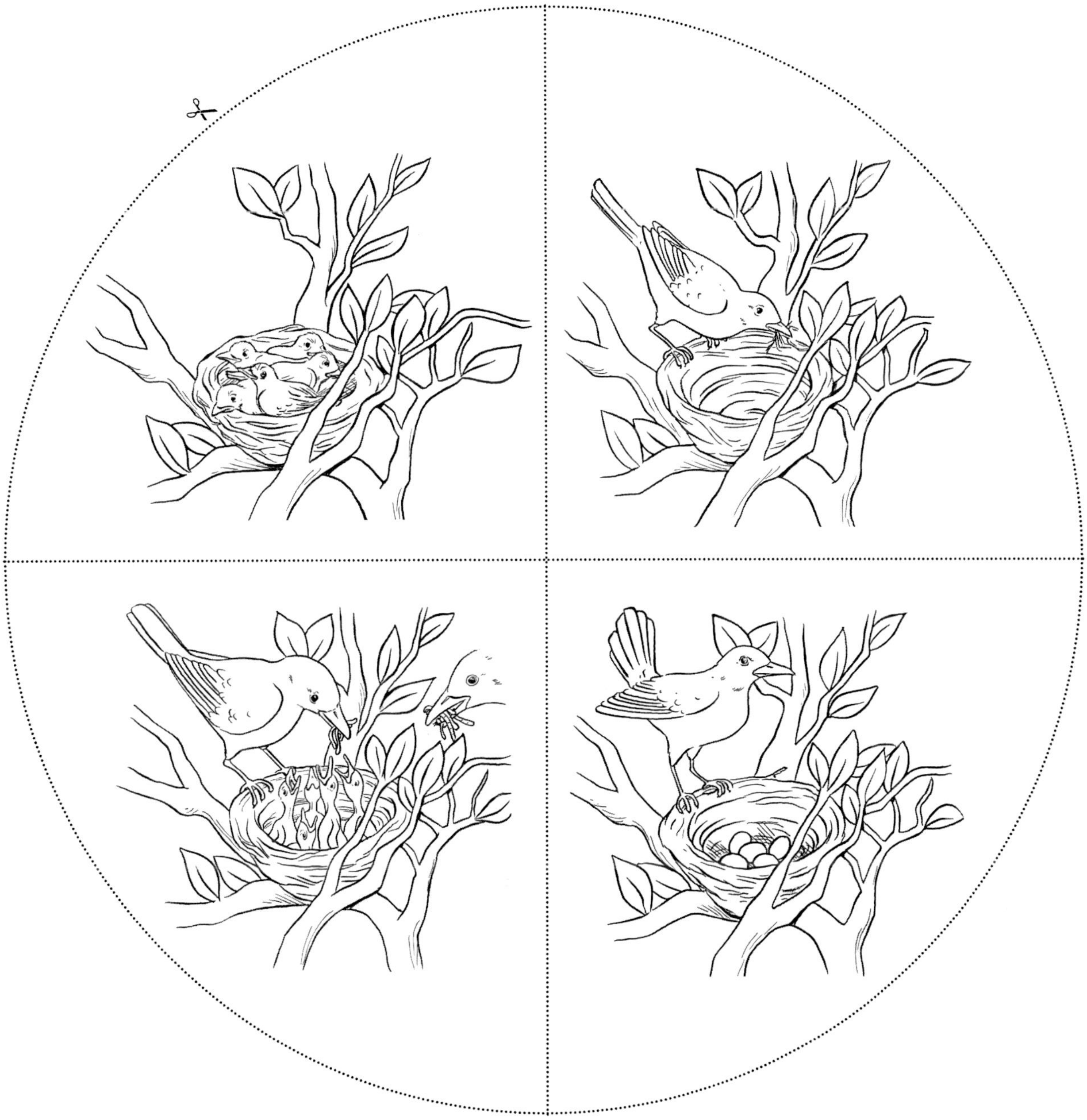

Das kleine Vogelrestaurant

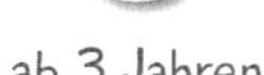
ab 3 Jahren

Material:
1 Tasse mit Henkel, Sisal-/Paketschnur, 100 g Bio-Kokosfett oder Bio-Butterschmalz, Topf, Teelöffel, 2 TL Speiseöl, Holzlöffel, 100 g Wildvogel-Körnermix, kleiner Stock

Vorbereitung:
Besorgen Sie die Zutaten. Falls Sie keine Tasse haben, die Sie entbehren können, fragen Sie bei den Eltern der Kinder nach.

Arbeitsanleitung:
1. Die Schnur durch den Henkel der Tasse ziehen und zusammenbinden.
2. Das Fett oder Schmalz im Topf schmelzen lassen.
3. Das Speiseöl zugeben.
4. Den Topf vom Herd nehmen und die Körner untermischen.
5. Die Masse etwas abkühlen lassen, bis sie sich formen lässt.
6. Die Tasse bis zum Rand mit der Mischung füllen.
7. Den Stock so hineinstecken, dass er als Sitzplatz für die Vögel dienen kann, wenn die Tasse hängt. Der Stock sollte etwa 10 cm aus der Körnermischung herausragen.
8. Die Tasse zum Aushärten in den Kühlschrank stellen.

Hinweis:
Hängen Sie das „Vogelrestaurant" an einem vor Katzen und Mardern geschützten Ort auf! Bitte beachten Sie, dass diese auch auf Bäume klettern können, wenn die Äste tief genug hängen. Der ausgewählte Ort sollte auch schattig und regengeschützt sein, damit das Fett nicht schmilzt oder das Futter schimmelt.

Tipp:
Sie können das Angebot auch mehrfach umsetzen und ein „Vogelrestaurant" an verschiedenen Stellen im Außengelände aufhängen. Außerdem kann es auch als Elterngeschenk gebastelt werden.

Ein Garten für Vögel

ab 4 Jahren

Schneide die Kästchen aus.

Klebe sie in die richtigen Felder.

Male das Bild aus.

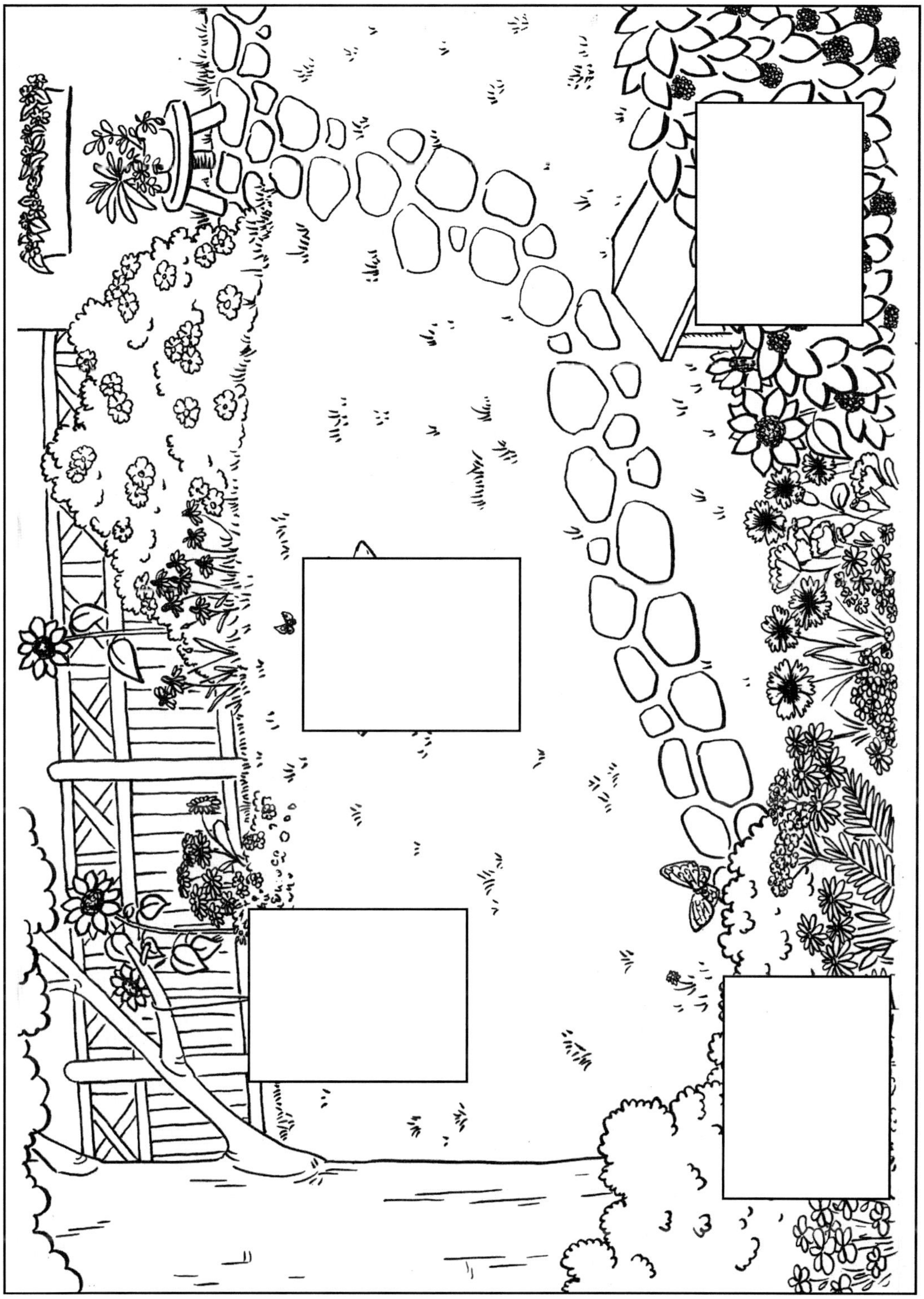

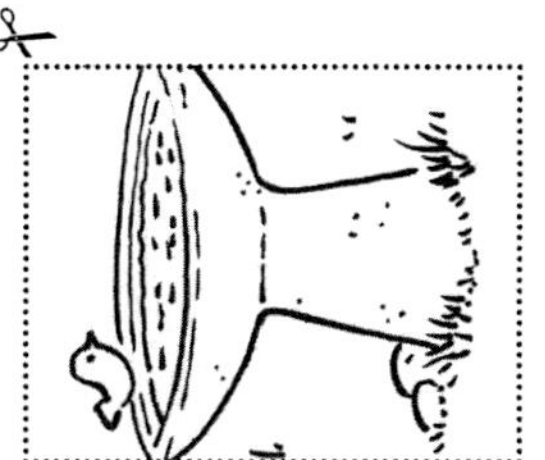

Vogelhäuschen

ab 3 Jahren

Hilf den drei Vögeln, den Weg zum Vogelhäuschen zu finden.
Male mit je einem anderen farbigen Stift die Linien nach.